Fridtjof Nansen
Auf Schneeschuhen übers Gebirge

SEVERUS Verlag

ISBN: 978-3-95801-214-1
Druck: SEVERUS Verlag, 2016

Der SEVERUS Verlag ist ein Imprint der Diplomica Verlag GmbH.
Bibliografische Information der Deutschen Nationalbibliothek:
Die Deutsche Nationalbibliothek verzeichnet diese Publikation in der
Deutschen Nationalbibliografie; detaillierte bibliografische Daten
sind im Internet über http://dnb.d-nb.de abrufbar.

© SEVERUS Verlag, 2016
http://www.severus-verlag.de
Printed in Germany
Alle Rechte vorbehalten.
Der SEVERUS Verlag übernimmt keine juristische Verantwortung
oder irgendeine Haftung für evtl. fehlerhafte Angaben und deren
Folgen.

Fridtjof Nansen

Auf Schneeschuhen übers Gebirge

Es war am Sonnabend, 26. Januar, in diesem Jahre des Heils 1884. Ich ging abends vom Museum nach Hause. Der Regen peitschte mir das Gesicht mit einer Heftigkeit, die selbst hier in Bergen ungewöhnlich war. Am Himmel jagten schwarze Wolken. Das Thermometer zeigte viele Grade Wärme, das Barometer sank und sank und stand auf Erdbeben. Wahrhaftig ein Wetter, das der Verzweiflung nahe bringen konnte. Das sollte also der norwegische Winter sein!

Die Geschäftsleute hasteten die Straße entlang, den Regenschirm gegen den Wind, den Kopf tief zwischen den Schultern. Nach vollbrachter Wochenarbeit strebten sie dem gemütlichen Heim zu.

Morgen war Sonntag. Erst noch einen Abstecher nach dem Postamt, um nach Post zu fragen; dann nach Hause, um es mir gemütlich zu machen und alle Schlechtigkeit der Welt und des Wetters zu vergessen.

Ich hatte mich im Lehnstuhl zurechtgesetzt. Einen flüchtigen Blick in das eben angekommene Sportblatt; dann wollte ich mich in meine Studien vertiefen. Doch was stand da? Schneeschuhwettlauf auf der Husebyhöhe am 4. Februar. War es möglich? Sollte es wirklich irgendwo in norwegischen Landen Schneeschuhbahn geben?

Schneeschuhe und Schneeschuhbahn waren wohl das, was noch vor einem Augenblick meinen Gedanken am fernsten gelegen hatte. Nun ergriff es mich mit unwiderstehlicher Gewalt: Lockend weiß stand der Nadelwald unter der Schneedecke; die Dörfer mit den Halden, Hügeln und den Bergen lagen blank und weiß da und glitzerten im Sonnenschein. Alles so frisch und so leicht in der klingenden Winterkälte...

Der Sonntag kam und brachte noch mehr Sturm und Regen. Am nächsten Morgen wollte ich aufs Meer hinaus zur Tiefseeforschung. Aber die Gedanken gaben keine Ruhe. Ich mußte in den Zeitungen der letzten Tage nach den Wetterberichten schauen. Nein, Wärmegrade übers ganze Land, nirgends konnte es Schneeschuhbahn geben. Da unternahm ich lieber meine Meerfahrt.

Am Nachmittag aber half nichts mehr: fort mußte ich, und ich ging zum Oberhaupt des Museums, zum alten Doktor Danielsen. Er war verständnisvoll wie immer, und ich bekam Reiseurlaub. Nun galt es, alles für meine Abwesenheit zu ordnen, dann konnte ich am nächsten Morgen um halb sieben Uhr mit dem Zuge abfahren.

Alle vernünftigen Freunde meinten natürlich, es sei Wahnsinn, in dieser Zeit über das Gebirge reisen zu wollen, und schüttelten den Kopf – aber Jugend hat keine Tugend...

Endlich saß ich im Abteil, und es ging nach Voß hinauf. Der Regen trommelte auf das Wagendach. Na ja, ein schönes Schneeschuhwetter das! Aber höher oben würde es wohl besser werden. Durch Tunnels und Einschnitte ging es, an Abgründen vorüber, die engen Fjorde entlang. Als wir weiter hinaufkamen, begannen die Abhänge der Berge hoch oben weiß zu werden. Das hob sofort die Hoffnung: im Gebirge gab es sicher Kälte und Schnee.

Um zwölf Uhr brachen der Hund und ich von Voß auf. Wir schlugen den Weg durch das Rauntal ein; von dort wollten wir nach Gol im Hallingtal hinübergehen. Das ist ein etwas weiter Weg übers Gebirge. Dafür wird aber der Weg nach dem Ostland um so kürzer.

Die Schneeschuhe auf den Schultern, stieg ich getrost in rieselndem Regen aufwärts. Es würde schon besser werden, wenn ich erst ins Gebirge hinaufkam; dorthin wollte ich bis zum Abend gelangen. Ich ging und ging, aber beständig lag der Nebel dicht und schwer über den Abhängen zu beiden Seiten des Tals, und die Regentropfen fielen gleich schwer und ungemütlich.

Unterwegs fragte ich, ob jemand wisse, wie die Schneeschuhbahn im Gebirge sei. Aber man schüttelte nur den Kopf und meinte, bei solchem Wetter sei nicht ans Gebirge zu denken.

Als ich mich dem Sverresteig näherte und es noch nicht aussah, als wenn es besser werden sollte, dachte ich, es sei doch vielleicht vernünftiger, umzukehren und den Weg über Gudvangen und von da ins Lärtal einzuschlagen. Von dort konnte ich auf der Poststraße weiterkommen, mochte dann das Wetter sein wie es wollte.

Gedacht, getan. Und da ich auch einen Pferdehändler mit Pferd und Schlitten traf, der auf demselben Weg nach dem Ostland wollte und sich erbot, die Schneeschuhe mitzunehmen, so ging ja alles in schönster Ordnung.

Am Abend erreichte ich Vinje. Hier war schon gute Schneeschuhbahn, nur war es noch etwas zu mild. Der Mann mit den Schneeschuhen und noch ein Pferdehändler, der sich angeschlossen hatte, übernachteten auf dem Nachbarhof. Sie versprachen bei mir vorzusprechen, bevor sie am nächsten Morgen aufbrachen.

Nach der ungewohnten Bewegung schlief ich gut. Der Tag war schon ziemlich weit vorgeschritten, als ich erwachte. Ich richtete mich auf, um durchs Fenster zu schauen. Doch was für ein Anblick: Eisblumen an den Fenstern! Es war unmöglich hindurchzusehen. In aller Eile stand ich auf und durch Reiben und Hauchen taute ich soviel von dem Fenster auf, daß ich erkennen konnte: es war klares Frostwetter mit Neuschnee. Das gab einen Jubel ...

Hastig verzehrte ich das Frühstück, und dann sprang ich nach dem Nachbarhof hinüber, um die Schneeschuhe zu holen; nun sollte es nach Gudvangen gehen. Aber ach, die Männer waren vor einer halben Stunde abgefahren und hatten die Schneeschuhe mitgenommen.

Das kühlte mir das Blut ab. Aber wenn ich sie noch vor dem Stahlheimhügel einzuholen vermochte, dann konnte ich dort ja doch noch die Schneeschuhe gebrauchen. Aber bis dahin war es nur eine Meile (alte norwegische Meile = 11 Kilometer), und da ist eine halbe Stunde ein großer Vorsprung.

Ich eilte die Anhöhen hinan. Es war schwer, im Schnee zu gehen; aber das Wetter war herrlich. Ringsum strahlten die Berge blendend weiß in der Sonne. Die Nadelbäume standen feierlich still unter der Decke von Neuschnee. Es war Winter, strahlender Winter, und ihn hatte ich ja gesucht. Auch der Hund freute sich des Lebens und wälzte sich im Schnee.

Aber ach so tot, so öde! Nirgends ein Schneeschuhläufer, nirgends eine Schneeschuhspur zu sehen. Gab es denn hier keine Menschen? Doch da lagen ja viele Gehöfte. Aber die Männer verschlafen wohl in dieser Gegend des Landes den größten Teil des Winters. Dunkel und leblos stehen die Gehöfte auf dem weißen Schnee; nur der Rauch steigt träge aus den Schornsteinen auf. Die Weiberleute arbeiten, während das Mannsvolk in den Stuben herumhockt.

Draußen breitet sich eine glänzende Schneeschuhbahn, und im Gebirge gibt es Wild genug. Welches Winterleben könnte sich hier entfalten, wenn sie nur die Schneeschuhe gebrauchen lernten!..

Weiter ging es an schneebedeckten Abhängen entlang, über fischreiche Wasser, die unter Eis und Schnee schliefen und auf den Sommer warteten. Und dann durch kleine schöne Wälder. Hier und da lief eine Hasenspur über den Weg. Puß hatte es jetzt schwer, im Schnee vorwärtszukommen, der Arme.

Nach und nach holte ich die Männer mit meinen Schneeschuhen soweit ein, daß ich sie in den Windungen der Straße erkennen konnte. Ich begann zu springen und erreichte sie auch wirklich.

Welcher Jubel, die Schneeschuhe unter den Füßen zu fühlen – und erst, wenn ich eine Anhöhe hinabsauste! Das war wahrhaftig ein anderes Leben, als in Bergen durch Regen und Schmutz zu waten. Die Schlitten waren bald außer Sicht.

Aber dort war Gelegenheit zu einem schönen Sprung über den Weg. Die Lust, die alten Künste zu probieren, erwachte mit einem Male: erst hinauf und dann hinunter. O wie gut es tut, sich dem Himmel näher zu fühlen! Aber der Rucksack muß herunter. Noch höher, noch geschwinder, und nun – hopp – wie eine Möwe herabschweben! Ja, man fühlt: noch ist Kraft und Saft in den steifgewordenen Gliedern.

Doch nun war es mit einem Male auf den Höfen ringsum lebendig geworden. Wie im Frühjahr die Ameisen aus dem Bau, so wimmelten sie heraus, Junge und Alte; alle mußten sie sehen, was das war, das da oben sprang.

Ich hatte Durst bekommen und steuerte dem nächsten Gehöft zu. Und nun gab es wieder ein Wettrennen in das Haus hinein. Einer vor dem anderen, alle auf einmal; nur ein alter Mann stand noch da, als ich ankam.

»Wie heißt dieser Hof?«

»Du kannst aber Schneeschuhlaufen.«

»Wie weit ist es wohl bis Gudvangen?«

»Wo kommst du denn her?«

»Ich komme von Bergen und will nach dem Ostland. – Glaubst du, daß ich hier etwas Milch bekommen kann?«

»Du willst also übers Gebirge? Das sind feine Schneeschuhe. Was ist denn heute für Wetter?«

Nein, ich mußte wohl hineingehen. Vielleicht ging es dort besser.

Ich schnallte die Schneeschuhe ab und trat in eine Stube, die der Dunst von Menschen und Tieren erfüllte. Die Wände entlang und oben in den Betten standen, saßen und lagen Frauen und Männer, Mädchen und Knaben. Auf dem Boden krabbelten Kinder im Verein mit Ferkeln und Hühnern und andern Tieren.

»Kann ich einen Tropfen Milch bekommen?«

Eine lange Pause. Dann kommt von einer Frau die langgezogene Antwort:

»Ich weiß nicht.«

Das gab mir Hoffnung.

»Habt ihr denn nicht etwas Milch?«

»O ja, die haben wir wohl.«

»Kann ich denn etwas kaufen?«

»Willst du vielleicht saure Milch haben?«

»Danke, am liebsten möchte ich süße, wenn es geht.«

»O ja, die kannst du schon haben.«

Dann geht sie endlich zu einem Gesims, um eine Kanne herunterzunehmen; die Milch war gut und tat gut.

»Wieviel bin ich schuldig?«

»Ich weiß nicht. Es ist ja nicht des Bezahlens wert.«

Ich legte einige Pfennige auf den Tisch und bedankte mich.

»Nein, das ist zuviel.« Als sie aber sah, daß ich verschwand, rief sie hinterdrein:

»Ja, dann also vielen Dank.«

Draußen umstanden eine Menge Männer meine Schneeschuhe. Sie waren von den Gehöften ringsum gekommen. Schneeschuhe und Bindung wurden an allen Ecken und Enden untersucht, und als der Besitzer selber kam, der auch.

Ich schnallte die Schneeschuhe an und fuhr die Anhöhe hinauf. Hinter mir her hörte ich: »Das waren feine Schneeschuhe!« »Was er für einen kleinen Stock hat!« »Wie groß der Hund ist!« –

In Gesellschaft eines der Pferdehändler, der gerade gefahren kam, zog ich weiter.

Wir waren in der Nähe von Stahlheim. Das Gebirgstal mit den kiefernbestandenen Abhängen lag tief unter Schnee. Unten im Grunde strömte der Fluß, und oben erglänzten in der Sonne die gewaltigen Berge weiß unter dem blauen Himmel. Das Tal ist hier wild und großartig. Vorn rechts schnitt eine enge Schlucht in das Bergmassiv ein, umgeben von wilden, zerrissenen Gipfeln. Wie ich so ging, dachte ich darüber nach, wohin sie wohl führen könnte. Den Grund sah ich nicht; der verschwand tief unten, aber die Berghänge gehörten zu den steilsten, deren ich mich je erinnerte.

Unwillkürlich wurden die Augen von diesem Spalt angezogen. Durchfuhr einen auch ein Kälteschauer, so oft man dahin sah, so konnte man sich doch nicht davon abwenden.

Auf einmal blieb ich stehen. Vor meinen Füßen hörte der Weg auf. Ich stand unmittelbar vor dem Schlund und sah plötzlich in einen Abgrund hinab. Nie hätte ich geglaubt, daß durch diesen Spalt der Weg nach Gudvangen ginge. Aber es mußte doch so sein. Ich wandte mich nach dem Pferdehändler um, der mir folgte. Ja, es war wirklich so: wir standen auf dem Gipfel des Stahlheimhügels, am Ende des Närötals.

Ich schaute hinunter. Der Fluß und der Talgrund schlängelten sich dort unten wie ein schmales Band. Ich blickte in die Runde: vorn war das Närötal mit seinen steilen Wänden; über sie stürzten die gefrorenen Gebirgsbäche in ihrem blaugrünen Winterstaat, hier und da lag der Schnee auf Absätzen in weißen Streifen die vereisten Bergwände entlang, und darüber hingen die Schneewächten, bereit, beim ersten Tauwetter abzubrechen. Unmittelbar rechts war ein Schlund, in den der Stahlheimfall mit dumpfem Brausen unter der Eisdecke hinabstürzte. Ein Stück weiter links donnerte ein anderer Wasserfall in eine ähnliche Kluft. Gerade unter mir wand sich der Weg in kurzen Windungen von der einen Schlucht zur anderen, dem Talgrund zu. Über all das steigt der Kegel des Jordalsgipfels empor, hoch und jäh, wie ein gewaltiger Riese. Weiter hinten als Rahmen für diese vereiste, zugeschneite Gebirgskluft erhoben sich die Bergspitzen und verschwanden in dunkeln, schweren Wolken. Zuhöchst oben aber über dem Ganzen stand blau und klar der Himmel, während die Sonne auf Schnee und Eis im Vordergrund spielte.

Als ich in Betrachtung versunken dastand, sagte eine Stimme hinter mir: »Komm, laß mich deine Schneeschuhe probieren.«

»Nein, danke, mit denen werde ich selber fertig.« Und ich begann abwärts zu gleiten.

Es ging bergab, bald am Rande der einen Schlucht, bald nach der andern hinüber. Es gab viele kurze Windungen. Bei jeder mußte man bremsen, sich gut einwärts lehnen und dann mit um so größerer Schnelligkeit weiterfahren, sobald es wieder geradeaus ging.

Unterwegs sauste das Bild eines Bauern an mir vorbei, der vor Schreck ganz in die Bergwand hineingekrochen war.

Noch ehe ich recht zur Besinnung gekommen, war ich drunten auf dem Talgrund. Von oben kam der Hund wie ein brauner Knäuel hinterher. Das Pferd konnte ich nicht mehr sehen.

Ich fuhr weiter. Der Weg führt den Fluß entlang. Der Grund des Närötals bis Gudvangen ist so flach, daß sich kaum eine Anhöhe findet. Der Talboden ist schmal. Zuweilen ist gerade noch Platz für Fluß und Straße, und auf beiden Seiten steigen die Gebirgswände schroff in die Höhe. Hoch oben hängen die Schneewächten, zwischen ihnen ein Streifen blauen Himmels.

Hier und da lagen große Schneelawinen. Sie folgen im Närötal rasch aufeinander, und unglaublich sind die Geschichten, die man von ihnen zu hören bekommt. Man muß sich geradezu wundern, daß Menschen hier leben wollen, am Fuße dieses immer drohenden Berges. Aber sie gewöhnen sich so daran, daß eine Lawine für sie etwa soviel bedeutet wie für uns ein Gewitter. Wenn sie nur sehen, daß die Lawine nicht ihren Weg kreuzt, so sind sie ruhig, wenn sie kommt, auch wenn der Boden unter ihnen wie bei einem Erdbeben erzittert. Der Luftdruck, der der Lawine voranzugehen pflegt, ist so stark, daß er weiter draußen, wie die Sage geht, Leute auf die andere Seite des Fjords hinübergeworfen hat.

Die Lawinen können zuweilen so groß sein, daß sie den ganzen Fjord füllen und Boote und was sie sonst auf ihrem Weg antreffen, unter sich begraben.

Einmal konnte sich ein Dampfer nur mit knapper Not retten. Als die Leute die Lawine kommen hörten, suchten sie unter Volldampf zu entkommen. Im letzten Augenblick gelang es ihnen auch. Nur das Achterende und ein Stück des Decks bis zur Kajütentreppe wurden mit Schnee angefüllt. Im Nu war der ganze Fjord voller Schnee, und wäre der Dampfer nur einige Schiffslängen zurück gewesen, so wäre er begraben worden und wohl niemals wieder an die Oberfläche gekommen.

Eine große Lawine war kurz vor meiner Ankunft in dem Fjord niedergegangen, und man bekam ordentlich Respekt davor, wie sie dort lag und sich weiß leuchtend von den dunklen Bergwänden an den Seiten und dem schwarzen Wasser darunter abhob.

In Gudvangen zeigten sie mir auch einen großen Block, der vom Gebirge herabgekommen war. Er hatte sich zu oberst auf dem Kamm losgelöst und war in drei Sprüngen herabgesaust. Beim zweiten Sprung war er wie eine Kanonenkugel quer durch beide Wände eines Hauses hindurchgegangen, mit einer solchen Geschwindigkeit, daß die Löcher, die er geschlagen hatte, nicht größer waren als er selbst. Beim dritten Sprung fuhr er durch Dach und Wand eines anderen Hauses, schlug eine Frau tot und eine zweite zuschanden und bohrte sich dann in die erde ein, wo er noch lag.

Von Gudvangen ging es mit dem Dampfschiff am sternklaren Abend durch den Näröfjord und weiter nach dem Lärtal.

Am nächsten Morgen früh fuhr ich bei mäßiger Schneeschuhbahn durch das Lärtal hinauf. Das Wetter war ganz gut, aber der Schnee war schlecht, und der Weg wurde bald ganz schwarz, so daß ich die Schneeschuhe tragen mußte. Auch hier ist es eng und wild, aber nicht so wie im Närötal. Hier und da waren Lawinen niedergegangen, die nun weißleuchtend unten an den Berghängen lagen.

Im Verlauf des Vormittags ließ ich mich bei einem kleinen Bach am Wege nieder, holte den Proviant hervor und begann zu frühstücken. Eine tiefe Schlucht durchschnitt die jähe Bergwand bis zum Gipfel hinauf. An den gewaltigen Schneemassen konnte ich erkennen, daß eine große Lawine niedergegangen war.

Wie ich eben in die Umgebung vertieft dasaß, dem Getöse des Wasserfalls lauschte und an den Sommer dachte, da man mit der Angel am Fluß entlang gehen konnte – es gab hier so schöne Fischgumpen – wurde ich von einer gellenden Stimme aus meinen Träumen geweckt.

»Du bist wohl nicht recht bei Trost, dich hierher zu setzen, gerade unter eine Lawine?«

Ich fuhr auf. Ein Bauer kam in schneller Fahrt auf einem Schlitten vorüber.

»Ach, es wird wohl nicht so gefährlich sein.«

»Nicht gefährlich? O ja, es ist schon manchem hier schlecht gegangen. Kommen die Lawinen herunter, dann füllen sie das ganze Tal.«

»Man hört wohl, wenn sie kommt, und kann dann flüchten?«

»Hören, wenn sie kommt? Mann, das geht so schnell wie ein Büchsenschuß.«

Wie ich noch darüber nachdachte, kam wieder einer gefahren. Er trieb das Pferd an und rief mir zu, ich möge sehen, daß ich weiterkomme.

Weiter oben traf ich einige Männer, die mir erzählten, die Schlucht heiße Saueskluft und sei wegen ihrer Lawinen, die den ganzen Talgrund sperren können, die gefürchtetste Stelle im Lärtal. Sie kämen vom Gipfel herab und wüchsen durch den Schnee, der von beiden Seiten herabstürze, und auf ihrem langen Weg könnten sie eine unheimliche Größe erreichen. Was ich da sah, war nur der erste Absturz, der den Weg für das ebnete, was nachkommt und das nun zu erwarten war. Da würde ich etwas ganz anderes zu sehen bekommen.

So marschierte ich denn weiter. Bald konnte ich die Schneeschuhe wieder anschnallen, und es ging nun schnell durch die wilden Gebirgsschluchten hinauf. Der Fluß tief unten war mit Eis bedeckt, unter dem er einen ruhigen Lauf hatte. Um die offenen Löcher herum und von Loch zu Loch gingen Otterfährten. Hier lebt der Otter sommers und winters. Man erschauert, wenn man in diese schwarzen Löcher hinabsieht und sich vorstellt, man sollte untertauchen und in diesem kalten Wasser leben. Aber dem Otter geht es gewiß ganz gut, Fische gibt's hier genug.

Auf einmal höre ich ein munteres lautes Zwitschern. Erstaunt sehe ich mich um. Gibt es hier auch Vögel? Jetzt derselbe Klang wieder. Nicht von den Bergwänden herab, nein, von unten her. Da fliegt wahrhaftig der Sänger das Eis entlang, und nun taucht er mitten in den wilden Fluß hinein. Das war die Wasseramsel. Ihr ist das Leben nie zu schwer, außer wenn der Fluß zufriert und sie kein offenes Wasser mehr findet.

Weiter oben, nach Borgund zu, beginnt sich das Tal zu weiten. Nachdem ich an Huse vorübergekommen war, bog ich bei Vindhellen in den alten Weg ein, der in steilen Windungen aufwärts führt, dafür aber viel kürzer ist.

Über einen Felsrücken geht es an der andern Seite wieder bergab. Man kann hier weit in das schöne Borgundtal hineinsehen; unten rechts liegt die alte Holzkirche von Borgund, die neue Kirche unmittelbar neben ihr. Sie ist schön im Sommer, aber schöner noch ist sie anzusehen in dem weißen Winter, wenn ihre vielen Giebel und Dächer mit Schnee bedeckt sind.

Es war schon längst dunkel geworden, als ich gegen sieben Uhr in Burlo anlangte und die langen steilen Höhen zum Filefjell hinaufstieg. Der Weg war schwierig. Die Beine, die noch nicht recht geschmeidig waren, machten sich auch bemerkbar, und ich war den Tag über auf der schlechten Bahn nicht wenig gegangen. Doch hatte ich es mir in den Kopf gesetzt, die Nacht in Breistölen zu schlafen, und da mußte ich eben gehen, bis ich dorthin kam.

Ich band die Schneeschuhe zusammen und zog sie hinter mir her. Wenn nichts andres, so war es doch eine kleine Abwechslung, sie nicht mehr beständig an den Füßen zu haben.

Bald begann die Bergweite sich vor mir auszubreiten, während hinten das Tal im Dunkel lag. Über mir flimmerte der Sternhimmel und warf einen unsichern Schein über die Berge. Die Nacht war still, kein anderer Laut war zu hören als meine eigenen Schritte im Schnee.

Wie ganz anders war es doch, als ich im letzten Winter an Weihnachten hier wanderte; es war just um dieselbe Tageszeit. Jetzt dieser tiefe Friede. Man sieht geradezu in den Weltenraum hinein. Damals Sturm und Schneetreiben, das ganze Bergland im

Gestöber, so daß man nur ein paar Armlängen weit sehen konnte. Der Gegenwind war so stark, daß man auf den Schneeschuhen zurückgeworfen wurde; man mußte sie abschnallen, um nur vorwärtszukommen. Der Hund jammerte und zitterte unter den Windstößen.

Endlich erglänzten auch diesmal die Fenster von Breistölen lockend in die Nacht hinein, und bald war ich unter Dach.

»Herrjesses, ist denn jemand noch so spät in der Nacht im Gebirge?«

»Jawohl, es ist einer da.«

»Ach nein, du bist's? Du bist ja immer so spät unterwegs.«

Ich bekam Milch, und dann ging's ins Bett. Es läßt sich nicht leugnen, es gibt wenige Genüsse im Leben, die den übertreffen, sich nach einem beschwerlichen Tag in einem guten Bett auszustrecken, nachdem man den Durst gestillt und sich satt gegessen hat.

Am nächsten Morgen ging es über das Filefjell weiter nach Bjöberg.

Gerade als ich von Breistölen aufbrach, ging die Sonne auf und ergoß ihre Röte über das Nebelmeer und die Berggipfel, die wie weißrote Zelte aus dem Nebel aufragten. Das Tal, aus dem ich kam, lag ganz unter den Nebelwogen verborgen. Über der Berglandschaft aber spaltete sich der Nebel immermehr und mehr, so daß die Sonne in breiten Streifen durchdrang, während einzelne warmgetönte Nebelfetzen um die Gipfel krochen.

Nun galt es, vom Westland Abschied zu nehmen. Nach Osten hatte ich nur das weiße Hochland vor mir.

Wie ich in dieser Stille dastand, weckte mich auf einmal Lärm in nächster Nähe; donnernd ging in dem Berge hinter mir eine Lawine herab; der Rauch stieg zum Himmel an. Sie erreichte den Grund – das Echo erstarb im Schnee – nur einige feine weiße Schneewolken umschwebten noch die Bergwand.

Ich setzte meinen Marsch fort. Es war richtiges frisches Winterwetter. Die Sonne glitzerte in Tausenden von Eisnadeln. Ringsum erhoben sich die kuppelförmigen Berge in weißer Pracht. Alles lag im Sonnenlicht, alles war glänzend weiß. Nur hier und da zogen schwarze Wolkenbüschel um einzelne Berggipfel, während sich der Himmel darüber hellblau und fleckenlos wölbte.

Ich fuhr über Bergrücken und Gipfel. Es war gerade kein kurzer Weg, aber man konnte auf den Schneeschuhen stehen, und das war ja die Hauptsache.

Um die Mittagszeit erreichte ich Bjöberg. Dort waren zwei Jäger aus dem Lärtal auf der Schneehuhnjagd, und nach dem, was man auf dem Söller des Hauses sah, war kein Mangel an Schneehühnern. Die Männer saßen, als ich ankam, gerade bei Tisch und genossen offenbar das Leben, wie es Jäger zu tun pflegten. Ich wurde sofort herzlich eingeladen, mit ihnen zu speisen; dazu brauchte es keine große Überredung. Das Mahl war freilich nicht zu verachten: frischer Renntierbraten von Fleisch, das seit dem Herbst unter dem Schnee gelegen hatte und so frisch war, als sei das Tier erst gestern erlegt, und dann mehrere andere Gerichte. An Getränken fehlte es auch nicht; es gab Bier, Schnaps, Milch, Rotwein, Sherry. Als wir den Durst gestillt und uns satt gegessen hatten, kamen Kaffee und Zigarren. Und wahrhaftig, da brachte der alte Knut Bjöberg aus dem Keller auch noch Curacao herbei.

Das war eine andere Bewirtung als im vorigen Winter. Damals kam ich auch auf Schneeschuhen mit einem Hund daher. Als ich in die Küche trat, stand dort Björberg. Er sah mich von der Seite von oben bis unten an und schielte nach dem Hund.

»Kann ich etwas zu essen bekommen?« fragte ich.

»Dort kannst du dir nehmen«, antwortete er und zeigte auf den Tisch, wo eine halbgeleerte Schüssel mit Grütze und etwas saure Milch in einem Topfe stand. Ich sah die Schüssel und sagte langsam:

»Ich bin ja gerade kein Kostverächter, aber wenn es angeht, möchte ich doch am liebsten etwas Fleisch haben.«

Da warf mir Björberg einen scharfen Blick zu und fragte:

»Kannst du denn das Essen auch bezahlen?«

Ich erwiderte: »Freilich will ich bezahlen!« Und da bekam ich denn etwas gekochtes Fleisch.

Er hielt mich für einen Landstreicher, für deren Beköstigung sie auf diesen Berghöfen vom Staate Bezahlung erhalten. Es konnte ja nicht anders sein, wenn einer in der Winterzeit hier auf Schneeschuhen daherkam, den Rucksack auf dem Rücken und mit so einem Hund! Aber jetzt hatte der alte Björberg-König eine andere Ansicht von mir bekommen. Er wußte gar nicht, was er alles mit mir anstellen sollte.

Ja, es war ein gemütlicher Mittag. Es ist eigentümlich: wenn Jäger zusammenkommen, gibt es nicht viele Umstände; sie sind gleich gute Freunde. Und manche Jagdgeschichte würzte das Mahl.

Die beiden Männer drangen immer mehr in mich, ich möchte dableiben und mit auf die Schneehuhnjagd gehen. Flinte und Patronen sollte ich erhalten, und schöne Hühner gebe es genug. Wahrhaftig, es gehörte weniger dazu, ein Jägerherz in Brand zu setzen. Aber unterwegs begann ich unschlüssig zu werden. War es nicht doch das beste, weiterzuziehen, um zu dem Schneeschuhwettlauf zu kommen, den ich mir nun einmal in den Kopf gesetzt hatte? Und so leid es mir tat, nahm ich Abschied von diesen gemütlichen Menschen, dankte für all ihre Gastlichkeit und zog weiter übers Gebirge nach dem Hemsetal zu.

Ich hatte mir's in Bjöberg doch zu bequem gemacht. Es dämmerte schon, die Sterne traten allmählich hervor, und der neue Mond stand im Süden über dem Gebirge. Als ich an dem stillen Abend weiterwanderte, hörte ich von der andern Seite des Tals herüber aus den Weidengebüschen das Gack-gack-gack-gack der Schneehühner. Sie waren wohl dabei, sich für die Nacht eine Unterkunft zu suchen.

So eine Bewirtung mag recht gemütlich sein, aber es fragt sich, ob sie für den gut ist, der weiterwandern soll. Ich habe sonst eine gute Lebensregel: Trink nicht viel und rauche nicht, wenn du einen langen Weg vor dir hast. Heute hatte ich beides getan. Aber ich fühlte es auch wie Blei in den Gliedern.

Es war spät, als ich Tuf im Hemsetal erreichte. Da ich entschlossen war, am selben Abend noch weiterzukommen, um wenn möglich am nächsten Tag Gulsvik zu erreichen, wollte ich hier am liebsten ein Pferd haben.

Die Lampe unter dem Balkendach erleuchtete matt den großen Raum, in den ich trat. Um den Tisch herum saß eine ganze Gesellschaft, meist Pferdehändler, die Karten spielten. Man schlug auf den Tisch, und das Geld klirrte. Ich wurde sogleich eingeladen mitzutun, zog es aber vor, weiterzukommen. Es gab saure Gesichter, daß man so spät noch heraussollte; aber ein Pferd bekam ich. Die Fahrt in dieser sternklaren Nacht war etwas kalt, leicht angezogen und müde wie ich war. Aber ab und zu ein Dauerlauf half darüber hinweg.

Endlich blinkt ein Licht durch den Wald. Wir biegen auf einen Hofplatz ein und sind an der Poststation Kleven. Mitternacht ist schon vorüber. Alle Leute schlafen. Wir donnern gegen Türen und Fenster, erhalten aber keine Antwort. Endlich werden einige Mägde wach. Licht wird angezündet. Aber auch hier ist alles von Pferdehändlern besetzt, die ostwärts auf die Märkte reisen. Nach einigen Unterhandlungen läßt sich doch noch Unterkunft schaffen, und ich erhalte ein Bett und ein Fell.

Am nächsten Morgen gegen neun Uhr ging es wieder auf Schneeschuhen das Hemsetal hinab. Die Berglehnen stiegen zu beiden Seiten gleichmäßig an. Der Fichten- und Kiefernwald stand frisch und schön unter der Last des Schnees. Da und dort lagen oben auf den Hängen Sennhütten in den weißen Almwiesen, und im Talgrund murmelte der Fluß geschützt unter dem Eis. Wie winterstill es war! Ja, nun bin ich zum norwegischen Winter zurückgekehrt. Das Herz jubelt.

Dort ist ja bereits Rolfshus. Vielleicht ist es möglich, heute noch die siebeneinhalb Meilen bis Gulsvik zurückzulegen. Es ist erst halb elf Uhr; anderthalb Meilen in anderthalb Stunden, das verspricht Gutes. Mit neuem Mut geht es durch das Hallingtal nach Nes.

Hier bekam ich ein kräftiges Mittagessen und hielt eine Stunde Rast, dann ging's die vier Meilen nach Gulsvik weiter.

Der Schnee fiel in weichen, dichten Flocken. Ich hatte Angst wegen der Bahn. Die Schneeschuhe blieben schon etwas haften, aber es ging vorwärts, und solange kann man ja zufrieden sein.

Spät in der Nacht kam ich endlich müde und durstig nach Gulsvik. Aber nun war ich bald am Ziel: nur noch die vier Meilen über den Krödersee und morgen Mittag mit dem Zug weiter. Dann kann ich am Sonntag ausruhen und mich für den Schneeschuhlauf am Montag etwas üben.

Ein paar Liter gute süße Milch, wie köstlich das schmeckt! Gibt es wohl etwas Besseres? Und dann zu Bett gehen und die müden Glieder mit Wohlbehagen in den Wolldecken ausstrecken!

Am nächsten Morgen war wieder klares Wetter. Die Sonne schien, als ich um neun Uhr von Gulsvik aufbrach. Ich dachte an den Ringnesrücken mit seinen lockenden Höhen. Aber die Zeit war zu knapp, um noch den Dreiuhrzug zu erreichen. Deshalb war es am besten über das Eis zu fahren; auf den Schneeschuhen ging es darüber in größter Geschwindigkeit.

Schimmernd weiß lag der Krödersee unter den steilen Birkenhalden.

Und dann oben rundherum die Fichtenhänge und hoch über dem Ganzen der weiße Noreberg. Ja, hier ist es schön, winters und sommers!

In Ringnes war ich gegen zwölf Uhr, und da es von dort noch eine Meile bis Olberg ist, mußte ich mich beeilen. Von neuem ging es weiter, was Glieder und Schneeschuhe nur leisten konnten, und in weniger als einer Stunde war ich in Olberg. Ich hatte noch mehr als zwei Stunden bis zum Abgang des Zugs und nur noch eine Meile zu laufen. Ich konnte bequem einkehren und eine Weile ruhen.

Als ich in der Sofaecke saß, war die Versuchung zu stark. Es war vielleicht doch gut, die letzte Meile zu fahren, und im Pelze des Posthalters, die Schneeschuhe hinter mir, den Hund vor mir, sauste ich im Schlitten in scharfem Trab übers Eis nach dem Bahnhof.

Von Kristiania zurück nach Voss

Die Schlittenschellen klingelten munter in die Nacht hinaus. Vor mir erstreckte sich das Krödereis blank in das Dunkel hinein. Hoch oben strahlten die Sterne. Die Gedanken gingen im Takt mit den Schellen, während ich im Schlitten saß.

Die Hauptstadt und ihr Lärm lagen hinter mir; es ging wieder hinauf in die freien Berge. Die Tanzmusik des letzten Abends summte und hüpfte noch in den Ohren.

Welcher Wechsel! Am Ufer des Krödersees unter den dunkeln Höhen blinkten freundliche Lichter aus Höfen und Hütten in die Nacht hinein. Welcher Friede! Wie still und ruhig fließt das Leben an diesen Berglehnen dahin. In der Stadt dagegen...

Schwapp, schwapp, das Pferd trat durch die brüchige Eiskruste. Ich schreckte aus meinen Gedanken auf, fuhr schärfer zu, und flott ging es bald über Glatteis, bald über Krusteneis nach Olberg.

Am nächsten Morgen im Schlitten weiter über den Krödersee. Wie rasch sich alles verändert! Als ich vor etwa anderthalb Wochen diesen Weg kam, herrschte hier strenger Winter, und alles war weiß. Schwer lag der Schnee im strahlenden Sonnenschein auf Wald und Busch. Jetzt aber war alles schwarz und traurig, nur hier und da vereinzelte weiße Streifen. Die Bäume standen nackt, die Dächer der Hütten waren ohne Schnee, das Eis blank und naß, die Luft dunkel und regenschwer, und die Höhen mit dem feuchten Nebeldach, wie waren sie düster und schwermütig! Der lichte, frische Winter war verschwunden.

Das war wenig versprechend für den, der die Schneeschuhe gebrauchen wollte...

Doch es wird sich schon machen. Auf den Höhen liegt Schnee -, und schnell ging es das Hallingtal hinauf auf der gewölbten, blanken Straße, wo es oft recht schwer war, den Schlitten in der Mitte des Wegs zu halten, ohne in die Gräben zu geraten.

Lange Strecken konnten wir den Fluß hinauffahren; dort lag blankes Schlittschuheis. Mehr und mehr ärgerte es mich, daß ich die Schlittschuhe nicht mitgenommen hatte. Sicher hätte ich fast den ganzen Weg vom Bahnhof über den Krödersee und den Fluß hinauf bis weit hinein nach Ål laufen können. Das wäre eine lange Schlittschuhfahrt geworden. Doch - - da trat das Pferd durchs Eis - - ein Ruck in die Zügel, nach links, und wir waren geborgen. Man muß gut aufpassen. Nach dem langen Tauwetter ist das Eis mit seinen Löchern jetzt heimtückisch.

Schon begann es zu dämmern, als wir am Nachmittag Nes erreichten. Aber ich wollte noch die zwei Meilen bis Rolfshus zurücklegen und gern die steifen Glieder wieder geschmeidig machen. Deshalb nahm ich die Schneeschuhe auf die Schulter und marschierte weiter.

Es war dunkel, und der Weg war glatt und beschwerlich zu gehen. Vom Fluß her vernahm ich den Lärm des Eises, dazu Rufe und Gelächter. Schlittschuhläufer amüsierten sich offenbar gut, und auch die Dunkelheit hatte sich nicht nach Hause getrieben.

Bald kam ich an einem Gehöft vorüber – es mochte irgendeinem Beamten gehören – und hörte die gebietende Stimme einer Hausmutter ins Dunkel hinausrufen: »Na, kommen sie noch nicht?«

Und eine Mädchenstimme antwortete im Hallingdialekt: »Nein, ich habe mich schon heiser geschrien, aber sie wollen nicht gehorchen.«

Da stand die Kindheit mit einem Male lebendig vor mir. Ja, wenn das Eis blank auf Fluß und Teich lag, war es nicht leicht, uns nach Hause zu unsern Schularbeiten zu bringen...

Der Freitagmorgen brachte klares Wetter und einige Grade Kälte. Von Rolfshus aufwärts lag soviel Schnee am Straßenrand, daß ich die Schneeschuhe benutzen konnte.

Ich stand vor der Entscheidung: sollte ich wieder den Weg durchs Hemsetal und über das Filefjell einschlagen? Das war ja das Sicherste, aber auch etwas zu zahm. Nein, dann lieber durch Ål und über die Hallingberge. Das Wetter lockte. Sicher gab es im Gebirge gute Bahn, und man hat ja die Wahl zwischen drei Übergängen: über den Gjeiterücken nach Aurland hinunter, oder über Nygard nach Eidfjord in Hardanger, oder auch den längeren Weg über Vosseskavlen nach Voß hinab. Einer davon mußte doch möglich sein...

Nach Sundre kam ich kurz nach Mittag; ich sprach hier mit dem Posthalter, welcher Weg wohl der beste sei, doch müsse ich morgen jenseits des Gebirges sein. Das sei unmöglich, meinte er; er war bloß den Berg über Nygard nach Eidfjord gegangen; aber ich könnte Nygard heute nicht erreichen, denn bis dahin seien es fünf Meilen, ich müsse warten.

Nein, das dauerte zu lange. Dann wollte ich lieber nach Gudbrandsgard fahren, dem höchsten Gehöft des Bezirks nach Sogn und Voß zu. Bis dahin waren es vier Meilen, und von dort aus kam ich morgen wohl wenigstens bis nach Aurland in Sogn, vielleicht sogar nach Voß. Dort war aber der Posthalter nicht bekannt, und nie hatte er gehört, daß jemand im Winter diesen Weg eingeschlagen hätte. Er glaubte auch nicht, daß es ginge. Ich meinte, ich wolle es versuchen. Dann war es aber das beste, ein Pferd bis Nerål, der letzten Station im Tal, zu nehmen, um Gudbrandsgard vor Einbruch der Nacht zu erreichen und am nächsten Morgen in aller Frühe aufbrechen zu können.

Ein Pferd bekam ich, und schnell genug ging es bis Nerål über das blanke Eis der vielen Seen. Von dort mit frischem Pferd weiter nach Gudbrandsgard. Aber nun war es spät am Nachmittag geworden, und es dämmerte schon. Die Straße war gewölbt und vereist. An vielen Stellen geht es durch enge Schluchten, die Bergwand an der einen, den Abgrund und den Fluß auf der andern Seite. Man mußte vorsichtig fahren.

Diese Straße war vielleicht die, die König Sverre im 12.Jahrhundert nach seinem Marsch übers Gebirge von Voß her mit seinen Anhängern, den Birkenbeinern, gekommen war...

Der Weg wurde schlechter. Es war stockdunkel. Über den Bergen schien sich ein Unwetter zusammenzuziehen. Das versprach für morgen nichts Gutes.

Endlich waren wir auf dem Sundalsfjord, und in scharfem Trab ging es nach Gudbrandsgard.

Ich trat in eine große gemütliche Stube. Auf dem Herd flammte ein Scheiterhaufen harzigen Kiefernholzes. Sie hatten sich schon schlafen gelegt, waren aber gleich aufgestanden. Von den nahe der Decke angebrachten Betten sahen einige fragende Gesichter herab.

Etwas recht Gemütliches und Warmes haben diese alten Hallinghöfe, und gerade Gudbrandsgard ist einer von den echten. Wände und Dach sind schwarz von Feuer und Rauch, aber sie würden nur verlieren, wenn sie frisch gescheuert würden. Diese braunen

Holzwände und dieses rauchgeschwärzte Balkendach bergen Erinnerungen.

Ich zog einen Stuhl an den Herd und streckte mich behaglich aus. Der Hund kroch dicht an das Feuer heran, starrte hinein und machte sich's recht bequem.

Ich plauderte mit dem Bauern über die Aussichten, morgen übers Gebirge zu kommen.

»Ja, nach Aurland kommst du wohl hinüber. Im Gebirge ist jetzt gute Bahn.«

»Ich möchte am liebsten über Hallingskei und Vosseskavlen nach Voß,« wandte ich ein.

»Das wirst du wohl nicht schaffen. Ich bin in der Gegend nicht bekannt und habe auch nicht gehört, daß einer den Weg im Winter gegangen ist. Du willst doch nicht etwa allein dorthinüber gehen?«

»Im Herbst vorigen Jahres bin ich schon dort gegangen. Wenn ich aber einen Begleiter kriegen kann, so möchte ich gern einen guten Schneeschuhläufer haben, der die Gegend kennt.«

»Hier im Tal wirst du nicht leicht einen finden, der dich jetzt übers Gebirge nach Voß begleiten wollte. Der einzige wäre Andres Myrestöle. Er treibt Renntierzucht und Schneehuhnjagd und ist im Gebirge überall gut bekannt. Wenn er dich nicht begleiten will, so ist gewiß kein andrer aufzutreiben.«

Nach Myrstöl waren es fünf Viertelmeilen. Es lag gerade auf meinem Weg bei Strandefjord. Das beste war, am frühen Morgen aufzubrechen und dort vorzusprechen. Die Frau versprach, mich um ½ 3 Uhr zu wecken und etwas Essen bereitzuhalten.

Wie groß war meine Überraschung, als ich Rahmgrütze auf dem Frühstückstisch vorfand.

»Du mußt mit dem vorliebnehmen, was da ist,« sagte die Frau. »Grütze hält lange vor, und dann wird man nicht durstig davon.«

Ja wahrhaftig, ich nahm vorlieb, wenn auch nicht gerade, weil ich jetzt im Winter im Gebirge den Durst fürchtete. Aber ich sollte die Richtigkeit ihres Wortes, daß Grütze auch für den Durst gut sei, noch bestätigen müssen.

Die braven Menschen! Wie gut sie es meinten, und als ich mich verabschiedete, ermahnten sie mich dringend, vorsichtig zu fahren!

Dann ging es in die mondhelle Nacht hinaus. Die Bahn war gut, der Schnee hart. Bevor ich das Tal verließ, mußte ich mehrere Male fühlen, daß Mondschein für Schneeschuhläufer heimtückisch ist. Der Schnee leuchtete in silbernem Glanz, wo nicht Abhänge und Vertiefungen dem Mond abgewandt waren. In den wenigen zerstreuten Waldstrecken warfen die Bäume lange Schatten. Die Berglehne im Süden lag im Dunkel.

Ich sauste eine lange Anhöhe hinab. Erst durch ein Wäldchen, dann aufs offene Feld hinaus. Aber auf einmal lag der Weg wieder im Schatten. Dichtes Gebüsch stand zu beiden Seiten. Bums! Die Schneeschuhspitzen rannten gegen einen Schneebuckel – und ich lag auf der Nase. Nun, das war nicht das einzige Mal.

Allmählich ließ ich das Tal mit den Bäumen und Büschen hinter mir. Im Westen lag die Bergweite wogend vor mir. Wohin das Auge schaute, war Schnee, Schnee, weißer, schimmernder Schnee.

Schnell ging es vorwärts. Mein Schatten tanzte neben mir her. Ich kam auf einen Bergrücken hinauf; vor mir breitete sich westwärts weit hinaus die weiße Fläche des Strandefjords, und den Hang hinunter ging es gerade auf ihn zu. Die Schneeschuhe hüpften über die Schneewehen wie über erstarrte Wogenkämme; es ging mit rasender Geschwindigkeit. – Nun war ich drunten auf dem Eise und hatte nur noch eine halbe Meile bis Myrstöl.

Bald meldete sich über der Bergreihe im Osten der Tag mit tiefstem Feuerrot, das nach und nach stärker und heller wurde. Berge und Schneeflächen empfingen einen seltsam unwirklichen blauvioletten Schein. Aber noch schien der Mond und warf lange Schatten.

Da lag auch schon Myrstöl. Ich ging um das Haus herum, um den Eingang zu finden. Es sah ganz so aus wie ein Stall. Ich klopfte, man antwortete, und ich öffnete die Tür. Ich sah in einen Raum mit Feuer auf dem offenen Herd, einige Frauen standen dort. Ein scharfer Geruch von Kühen schlug mir entgegen, und ich hörte die Tierlaute aus dem Raum nebenan und aus dem Raum unter der Diele. Ein solches Zusammenleben von Mensch und Vieh unter einem Dach hatte ich noch nie gesehen. Aber es gab Wärme, und Holz war spärlich, so tief im Gebirge.

»Guten Morgen, ist der Bauer zu Hause?«

»Nein, er ist bei Sennhütten jenseits des Fjords. Sie sind dabei, Renntiere zu zeichnen.«

Das Glück ist ein launischer Vogel. Die Renntierherde, die sie hier halten, hatte ich nicht in Rechnung gesetzt.

»Wie weit ist es bis dahin?«

»So eine halbe Meile Wegs wird's wohl sein.«

Hm, bis Voß waren es wohl sieben oder acht Meilen. Da noch zwei halbe Meilen zuzulegen, war etwas viel. Ich mußte sofort weiterwandern. Aber etwas Proviant und eine Schachtel Streichhölzer hätte ich gerne mitgehabt.

»Hast du etwas Proviant für mich zum Mitnehmen?«

»Da kann wohl Rat geschafft werden, wenn du mit dem vorliebnehmen willst, was wir haben. Aber wohin willst du denn? Du willst doch nicht etwa jetzt allein durchs Gebirge gehen?«

Jawohl, daran hätte ich gedacht, und die Bahn wäre im Gebirge jetzt wohl gut.

»Ja, das ist sie, und wenn du den Weg kennst, so sind es nur drei Meilen bis Aurland. Aber die Tage sind kurz, und es kann schwer werden, bis zum Abend ans Ziel zu kommen.«

Nein, diesen Berg kenne ich nicht. Ich wollte über Hallingskeid, Gröntalsee und über den Skavlen ins Rauntal hinab.

»Nein! Hat man so was gehört, den weg jetzt zu gehen! Wo soviel Schnee im Gebirge liegt!«

Um so besser sei es, meinte ich, dann gäbe es doch gute Schneeschuhbahnen.

»Aber du kommst heute nicht hinüber, und was willst du dann tun?«

Darüber wollte ich unterwegs nachdenken. Sehe es allzu gefährlich aus, dann könnte ich ja immer noch nach Aurland hinabfahren. Aber auf alle Fälle möchte ich etwas Proviant mitnehmen.

»Und dann könntest du mir eine Schachtel Streichhölzer geben,« sagte ich zu dem jungen frischen Mädchen, das neben mir stand.

»Die sollst du haben,« sagte sie und mit schelmischem Lächeln in den Augen fügte sie hinzu: »Aber dann mußt du mir auch versprechen, nicht übers Hochgebirge zu gehen.«

Das konnte ich nicht versprechen, so leid mir's tat. Aber vorsichtig fahren wollte ich und alles gut überlegen, wenn ich auf den Gjeiterücken kam. Damit gab sie sich zufrieden, und ich erhielt die Schachtel Streichhölzer, die mit einem Stück Käse und einigen Laiben Fladenbrot in den Rucksack gestopft wurde. Dann verabschiedete ich mich und fuhr wieder auf dem Eise weiter. Der Mondschein war vor dem tage verblichen.

Ich befand mich gerade am Ende des Strandefjords und wollte eben die langen Hänge zum Gjeiterücken hinauf, der Wasserscheide zwischen Hallingtal und Aurland – da ging die Sonne auf, und ein Strahlenquell ergoß sich über die Berge.

»Was ist so klar wie das Licht, so rein wie der Morgengedanke?«

Ich zog durch das Tal, das sich gleichmäßig ansteigend aufwärts windet. Die letzten Sennhütten lagen bald hinter mir. Es ging über ein zugeschneites Gebirgswasser nach dem andern. Tief unter dem Schnee brummte der Fluß.

Dann stand ich an der Wegscheide. Nun galt es Aurland oder Vosseskavlen.

Gerade vor mir eine weite Ebene. Draußen am Rande verschwanden die Berge. Dort ging es abwärts nach Sogn zu. Auf diesem Wege konnte ich das Tal schnell erreichen. – Ich wandte mich um: weiß und lockend breitete sich die Bergweite, Gipfel an Gipfel, wie ein Lager weißer Zelte bis zum Himmelsrand, blaßrot und klar.

Weshalb den Umweg um Aurland und nicht geradeaus? Hatte ich früher in Nebel und Regen hinübergefunden, so mußte ich doch jetzt bei klarem Wetter und guter Schneeschuhbahn wohl auch ans Ziel kommen. Ging es heute nicht, so ging es morgen, und Unterkunft konnte ich in den Sennhütten von Hallingskeid oder in der Gröntalalm finden, und im übrigen ist der trockene Schnee warm genug, wärmer als eine harte Steinplatte im Herbst, wenn man bis auf die Haut durchnäßt ist.

Ich kam zu der heuschoberähnlichen Kuppel des Såta, die auf dem Bergrücken gerade da liegt, wo die Täler von beiden Seiten zusammentreffen. Man kann sie von weither sehen, und sie ist im Sommer eine gute Wegmarke.

Dort lag in alten Zeiten zwischen zwei großen Blöcken die Hütte eines englischen Lords. Es gab viele Renntiere, und manche schöne Tiere wurden hierhergebracht, aber auch manche Saumlast Getränke aus dem Tale. Die Hütte ist vergessen, das Dach eingestürzt; nur die niedrigen Steinwände stehen noch. Doch jetzt ist alles tief unter dem Schnee begraben, und kein lebendes Wesen streift hier vorüber, außer den Renntieren.

Dort waren frische Fährten einer großen Herde.

Wie sie den Schnee aufgewirbelt hat, während sie davongejagt ist, soweit das Auge reicht! Dort verlieren sich die Fährten in einem Seitental.

Wie der Wind ging es immer bergab über den hartgefrorenen Schnee auf den kilometerlangen Abhängen. Viele Wochen lang hatte der Sturm den Schnee fest zusammengepackt. Das Tauwetter hatte eine dünne Kruste darübergelegt, und über diese war noch eine dünne Schicht losen Schnees gekommen. Eine bessere Bahn konnte sich ein Schneeschuhläufer nicht denken. Es ging fast von selbst, und ich konnte mich vom Wind, den ich im Rücken hatte, treiben lassen. Zuweilen ging's über lange flache Seen zwischen den Bergen, dann wieder über lange Abhänge und durch jähe Schluchten.

Aber was war das dort für eine Fährte? Wölfe, drei Wölfe! Es ist der schlimmste Feind des Renntiers, und vor ihm waren sie wohl am Såta mit solcher Geschwindigkeit geflohen. Die Wölfe scheinen zuzunehmen. Voriges Jahr haben sie von der Herde zahmer Renntiere beim Strandefjord drei Stück geholt, dieses Jahr bereits fünf.

Ich hatte darauf gerechnet, daß ich um vier Uhr auf der Höhe des Vosseskavlen sein und bei Tageslicht ins Rauntal hinabkommen könnte. Brach die Dunkelheit herein, dann mochte es schwierig genug werden, sich hinabzufinden. Es war schon über zwei Uhr, und noch war ich nicht bei den Hütten von Hallingskeid. Sie lagen mitten im Tal, und ich konnte unmöglich vorübergekommen sein, ohne sie zu sehen. Gleich hinterher sollte ich ja zum Gröntalsee mit Hütte kommen und dort zum Vosseskavlen hinauf abbiegen.

Ich lief immer weiter, aber keine Hütte kam. Ich lief über einen See nach dem andern; doch da ich kein Haus sah, kam es mir nicht in den Sinn, daß einer von ihnen der Gröntalsee sein könnte. Zuletzt hatte ich ihn im Herbst bei Regenwetter gesehen. Alle Berge ringsum waren schwarz gewesen, nur Vosseskavlen im Südwesten hatte den weißen Kamm in das Nebeldach hinaufgehoben. Jetzt war alles weiß in weiß, so daß ich ihn nicht wiedererkannte. Ich mußte und wollte erst diese Hütten finden.

Es war schon nach drei Uhr – es ging stark auf vier. Die Hoffnung, noch heute hinüberzukommen, begann zu schwinden. Ich mußte sehen, die Hütten zu erreichen und dort zu übernachten. Dort war wohl vom Herbst her noch etwas Holz. Aber wo blieben sie nur? Sollte ich Zeit und Entfernung so falsch berechnet haben?

Das Tal wandte sich ruhig weiter abwärts, und schneller und schneller eilte ich ungeduldig vorwärts. Wieder war ich am Ende eines langen Sees. Doch halt! Da vorn verlor ich den Grund unter den Füßen. Die Schneewächte, auf der ich stand, hing über den Abgrund, und ich sah unten keinen Grund. Hier war keine Möglichkeit, hinabzukommen. Der Fluß schäumte und brauste unten durch eine enge Schlucht, jäh fielen die Talwände ab.

War ich je zuvor hier gegangen? Nein, ich konnte mich nicht entsinnen. Aber es mußte doch wohl so sein. Tal und Fluß gingen in dieser Richtung, und ihnen mußte ich folgen, bis ich zu den Hütten kam.

Ich fand einen Abstieg. Er war sehr steil, und es galt sich festzuhacken, den Stock in der einen, die Schneeschuhe in der andern Hand.

Endlich war ich unten am Fluß. Doch hier stürzte die Talwand so scharf zu den Wasserfällen ab, daß es schwer war, sich festzuhalten und nicht in das schwarze Wasser drunten zu fallen. Ich stieß den Stock bis zum Griff in den Schnee, und er hielt, wenn der Fuß den Grund verlor.

Da hing die Bergwand über den Fluß über. Hier mußte ich hinauf, wenn ich vorwärts wollte. Es ging mir nicht in den Kopf, daß ich jemals hier gewesen sein sollte, es konnte aber nicht anders sein; also kletterte ich hinauf. Oben hing die Schneewächte über. Ich mußte den Stock so weit innerhalb der Kante hineinstoßen, als ich nur konnte, dann die Schneeschuhe daneben – der Schnee war hart und hielt –, und dann galt es, sich hinter diesen hinaufzuschwingen. Hierauf kam der Hund, der auch hinaufgezogen werden mußte; damit war für dieses mal uns beiden geholfen.

Es kam nun wieder ein etwas flacheres Stück, und dann ging es mit rasender Geschwindigkeit nach einem neuen See hinab. Als dieser überwunden war, folgte wieder eine Schlucht, die noch schlimmer war als die erste. Nach vielem Klettern kam ich auch hier vorüber und gelangte an einen dritten See.

Nun ahnte ich aber doch allmählich ernstlich Unheil, wenn mir's auch nicht in den Kopf wollte, daß ich verkehrt gegangen sein sollte; selbst der Anblick von Birken überzeugte mich nicht. Als ich aber am Ende des Sees einen großen Birkenwald vorfand, dann auf einer Anhöhe vor einer Schlucht von einer Tiefe von mehreren hundert Fuß stand und in den dunklen Schlund eines engen, zu beiden Seiten mit Wald bestandenen Tales hinabsah, da wurde mir klar, daß ich nach Sogn hinabgekommen war und nicht mehr weit bis Kårdal im Flomstal haben konnte. Aber das war doch nicht mein Weg, ich wollte ja über den Vosseskavlen. Also umkehren! Ich mußte diese Nacht auf der Gröntalalm Unterschlupf suchen.

Das Schlimmste war, daß ich nun wieder die Schluchten, die ich herabgekommen war, hinauf mußte. War es aber herabgegangen, so kam ich wohl auch wieder hinauf.

Die Dunkelheit brach schon herein. Es ging gegen sechs Uhr. Bleich glitzerten die Sterne am blauen Gewölbe. Ich kletterte eine Bergwand hinauf. Der Schnee war hart und glatt; trat ich hier fehl, dann ging es direkt in den Wasserfall hinunter. Es wurde steiler und steiler; dann aber hing die Schneewächte so über, daß ich über die Kante reichen konnte. Stock und Schneeschuhe wurden fest eingerammt. Ich bekam am Rande Halt für das eine Knie, und so schnell wie möglich zog ich mich hinauf und war geborgen. Der Hund war glücklicherweise an einer andern Stelle hinaufgelangt.

Bald befand ich mich wieder auf einem langen See. Alle Schwierigkeiten waren überwunden. Jetzt galt es nur die Gröntalalm zu finden. Ich erinnerte mich, sie lag am Uferrand, gerade unter einem Felsschrofen, ich konnte sie also unmöglich verfehlen, wenn es auch dunkel war. Nur die Sterne warfen einen schwachen Schimmer über die Schneefläche.

Über alle Seen aufwärts hielt ich mich am rechten Ufer und spähte scharf aus, aber nichts anderes sah ich als Schnee und wieder Schnee und hier und da schwarzes Gestein. Ein See nach dem andern kam – eine Almhütte fand ich nicht. Es war wie verhext. Ich mußte bald wieder im Hallingtal sein.

Ich sah auf die Uhr. Ich konnte sie gerade noch erkennen, sie schien ½ 10 zu zeigen. Seit drei Uhr morgens waren wir unterwegs. Mochte es mit der Alm sein wie es wollte; wir konnten auch da, wo wir waren, ein weiches Bett finden, aber es ging ein beißender kalter Wind, und es galt, sich vor ihm zu schützen.

Wo der Wind eine hohe harte Schneewehe an einem großen Blocke zusammengetrieben hatte, grub ich mir ein Lager, zog eine Wolljacke an, das einzige Kleidungsstück, das ich im Rucksack hatte, und schlief sofort ein, den sack unter dem Kopf, den Hund zusammengerollt neben mir.

Ich erwachte. Uff, war es kalt an den Beinen! Ich blickte empor und in die Weite. Gewiß schien bereits der Mond über den Schneeflächen dort oben. Ich konnte also ebensogut meine Fahrt fortsetzen.

Der Hund sah mich fragend an, rollte sich aber wieder zusammen. Er hatte keine Lust, so früh aufzubrechen.

Es war drei Uhr. Ich lief auf und ab und stampfte mit den Beinen. Dann wieder die Schneeschuhe angeschnallt. Ringsum leuchteten die Berge weiß im Mondschein. Die Schattenseiten lagen in düsterem Halbdunkel.

Aber wo ging der Weg? Wer jetzt sehen könnte, was die Berggipfel da oben von ihrer Höhe aus erblickten! Gestern abend mußte ich mich im Dunkel in ein Nebental verirrt haben; dort schien es gerade aufzuhören. Es war das beste, sich dessen zu versichern und dann auf demselben Wege, auf dem ich gekommen war, zurückzugehen. Die Spur von gestern mußte ich wiederfinden, wenn sie nicht verweht war.

Ich ging los und fand bestätigt, daß es ein Seitental

war. Dann kehrte ich nach dem letzten See zurück, über den ich gekommen war. Dort waren Schneeschuhspuren. Ich sah mich um, eine Ähnlichkeit mit dem Gröntalsee, so wie ich ihn in Erinnerung hatte, war wirklich vorhanden. Die Berge schienen freilich etwas niedrig, aber dort auf der Südseite erhob sich ja genau so ein steiler Fels wie über der Gröntalalm. Wo aber waren die Häuser? Sie waren doch nicht etwa ganz eingeschneit?!

Am Fuße des steilen Felsens sah ich mich um. Da zeigte sich wirklich eine Erhöhung. Ich stach mit dem Schneeschuhstock hinein und stieß auf festen Boden. Ja, es war nicht unmöglich, daß da das Dach eines Hauses war. Ich mußte hier ins Gebirge hinaufsteigen, und auf jeden Fall mußte ich Umschau halten.

Ich stieg bergauf. Der Berg war steil und schwer zu gehen, und es dauerte einige Zeit, bis ich den Gipfel erreichte. Aber welcher Rundblick von dort oben! Unter dem ruhigen Glanze des Mondes breitete sich die Bergweite nach allen Seiten wie ein erstarrtes Meer von weißen Wellen, Rücken und Tälern mit Ebenen dazwischen – und baute sich weit draußen auf in Gipfeln und Gletschern, weiter und immer weiter, und am äußersten Himmelssaume schwand alles in silbernem Schimmer. Der Schnee leuchtete, die Firne glitzerten, die Täler aber lagen im Dunkel.

Nicht weit im Osten erhob der Hallingskarv seine gewaltige Masse. Was dort im Süden blinkte, mußte der Hardangergletscher sein, dann folgte wohl der große Osefirn. Im Westen aber erhob sich steil ein hohes Gebirge mit einer ebenen Firnfläche auf dem Kamme, das mußte Vosseskavlen sein. Gerade unter mir sank der Grund in das Dunkel hinab, über mir wölbte sich der Himmel tiefblau mit Mond und Sternen.

Doch der Mondschein trügt. Es ist besser, den Tag zu erwarten und Sicherheit über den Weg zu erhalten. Unterdessen kann man sich wieder in den Schnee eingraben und einige Stunden schlafen.

Dann brach der Tag an, und es wurde so hell, daß ich deutlich sehen konnte. Dort im Westen lag wirklich Vosseskavlen, darüber mußte ich hinweg. Ich konnte also wieder hinabfahren und dann das Tal, das gerade darauflos führte, entlang gehen; aber erst mußte ich etwas frühstücken.

Die Sonne kam, ein klarer Strahl drang durch den Raum und blitzte über das Meer von Bergen. Die

Gipfel erglühten. Ein wahrer Lichtstrom brach herein.

Mit rasender Geschwindigkeit ging es ins Tal hinab, dann über einen See nach dem andern zum Vosseskavlen. Nun fand ich mich wieder zurecht. Die Hallingskeidalmen und die Gröntalalm waren offenbar ganz eingeschneit.

Endlich befand ich mich auf dem obersten Gebirgssee. Rundherum stiegen die hohen Felswände auf. Überall lag schwerer Schnee; das gab einen schwierigen Aufstieg, aber diesen Weg mußte ich gehen.

Schritt für Schritt kam ich aufwärts. Oft mußte ich in der harten Schneewand Stufen treten und mich mit Stock und Schneeschuh festhacken. Das Schlimmste waren die großen Schneewächten, und deren gab es eine Menge. Da mußte ich mich am Schneeschuhstock über den Rand hinaufschwingen. Der arme Hund! So lange es steil aufwärts ging, war er auf seinen vier Beinen im Vorteil. Hing der Schnee aber über, dann stand er ratlos da und begann zu winseln und zu heulen. Gewöhnlich fand er aber bald irgendeine Stelle, wo er hinaufkommen konnte. Sonst mußte ich mich oben auf den Bauch legen und ihn nachziehen. Ich mußte seinen Mut bewundern; am Rande eines Abgrunds konnte er die Schneewand hinauf die gewagtesten Sprünge machen; trat nur ein Fuß fehl, so mochte es eine schlimme Reise in die Tiefe geben...

Endlich hatte ich das Schlimmste überwunden. Puh, war das heiß! Das griff Arme und Beine an, und die Sonne briet. Ich empfand brennenden Durst, und der Schnee labte wenig. Vor Freude darüber, so weit gekommen zu sein, holte ich die Apfelsine hervor, die ich solange aufgespart hatte. Sie war gefroren und hart wie eine Kokosnuß. Ich aß sie ganz, Schale und Fleisch; mit Schnee gemischt war sie eine gute Erfrischung.

Am Rande des großen Gletschers, der sich nach dem Absturz zu vorschiebt, wurden die Schneeschuhe wieder angeschnallt, und schräg ging es die gleichmäßig ansteigende Fläche hinan.

Jetzt war ich oben. Der ebene Firn breitete sich vor mir. Im Westen blitzten in weißer Ferne die Gipfel nach Voß zu, im Süden und Südosten das Hardangergebirge mit dem Gletscher und der Osefirn, und hinter mir hoben sich die schweren Formen des Hallingskarv vom Himmelsrande ab. Unter mir sah ich den Gebirgskessel, den Bergsee und das Tal, durch das ich heraufgekommen war. Welch frohes Gefühl, die Hindernisse überwunden zu haben! Nun gab es keine mehr; nun nur noch bergab, den ganzen weg bis Vossevangen.

Hier über diese Berge muß, nach der geschichtlichen Überlieferung, König Sverre irgendwo mit seinen Mannen, den Birkenbeinern, vor mehr als 700 Jahren (1177) im November gezogen sein, als er sich vor dem Feinde das Rauntal hinauf zurückziehen mußte.

»Da nahm König Sverre fünf Führer, die den Weg am besten kannten. Das war aber auch notwendig, denn das Wetter wurde so schlimm, wie selten geschieht. Es fiel unerhört viel Schnee... Sie verloren dort 120 Pferde mit goldenen Sätteln und Zäumen, allerhand Kostbarkeiten, Mäntel, Waffen und viele andere gute Dinge.«

Das alles hört sich nicht unglaubwürdig an. Für Pferde ist hier ein schlechter Weg. Schlimmer wird es, wenn es weiterhin heißt:

»Dazu kam, daß sie nicht wußten, wo sie zogen, und nicht einmal Wasser bekamen sie. Acht Tage lang genossen sie nichts anderes als Schnee. Am Tage vor Allerheiligen wurde das Wetter so schlimm, so unerhört es auch klingen mag, daß ein Mann davon den Tod fand, als das Wetter ihn niederwarf und ihm an drei Stellen das Rückgrat brach. Wenn die Böen kamen, blieb einem nichts anderes übrig, als sich in den Schnee zu werfen und die Schilde so fest wie möglich über sich zu halten.«

Das ist eine kräftige Schilderung. Aber wenig glaubhaft ist, daß Männer, und noch dazu wegkundige Männer, acht Tage lang durch dieses Gebirge gezogen sein sollen, ohne irgendwo eine bewohnte Stelle zu finden, mochte das Wetter auch noch so schlimm sein. So etwas passiert berggewohnten Leuten kaum. Schlimmer ist, daß sie, im Gebirge angekommen, angeblich kein Wasser finden konnten, anfangs November, wo es in jedem Bach rieselt. Aber es verhält sich ja so, daß, als die Saga von Abt Karl Jonsson niedergeschrieben wurde, »König Sverre selber aufpaßte und sagte, was geschrieben werden sollte«...

Ich ging über den Firn und stand bald auf der andern Seite, wo er in ununterbrochener glatter Fläche anderthalbtausend Fuß nach dem Kaldesee abfällt – immer schroffer und schroffer. Der Schnee war vom

Winde glatt und hart zusammengepackt; hier und da gab es einige Wehen, zuweilen etwas Harscht. Es konnte schwer werden für die Schneeschuhe, die Richtung einzuhalten. Aber immerhin – es ging weiter und mit immer größerer Geschwindigkeit. Bald flog ich über Wellenkämme, bald wieder über ebenen Grund. Ich versuchte, die Geschwindigkeit durch einige Bogen zu mäßigen, doch das half wenig. Auf dem harten Schnee rutschten die Schneeschuhe nur seitwärts aus; deshalb lieber die Beine zusammen und geradeaus.

Ich erreichte das Eis, und eine weite Strecke ging es darüber hin. Nach vollendeter Fahrt zitterte ich an allen Gliedern. Ich schaute nach oben. Weit droben auf der Höhe arbeitete sich ein dunkler Punkt abwärts. Das war der Hund, der mir schleunigst nachkam.

Die Bahn wurde immer schlechter. Man merkte die Nähe des Meers. Der Schnee wurde mehr und mehr von einer glatten Eiskruste bedeckt, die für die Schneeschuhe sehr schlecht war und auch für die Hand, wenn man ihr zu nahe kam. Doch schnell ging es durch die enge Schlucht, die vom Kaldesee zur Opsetalm hinabführt, der höchstgelegenen Alm im Rauntal.

Auf einmal stand ich vor einem Abgrund. Von allen Seiten ging es schroff hinab nach dem Tale tief unter mir. Die Schneewächte rundete sich glatt vornüber, und ich fuhr zurück. Es war nicht sicher, ob sie trug. Gab es hier einen Abstieg? Es sah schlimm aus. Aber vielleicht ging es in einer engen Schlucht, wo die Schneewächte nicht überhing; vorsichtig stieg ich Schritt für Schritt ab...

Nun folgten nur noch lange schöne Abhänge und schließlich die lange Lehne zur Opsetalm hinab. Da gab es eine bedenkliche Geschwindigkeit. Die Schneeschuhe rutschten auf dem gefrorenen Schnee. Ich fiel und bekam von dem Harscht einige schlimme Risse am Handgelenk.

So war ich denn im Rauntal, und auf birkenbestandenen Halden, wo die Schneehühner aufflatterten, glitt ich nach Kleivene hinab, dem höchstgelegenen Gehöfte der Gemeinde.

Wie durstig ich war! Ich glaube, Sverres Mannen konnten kaum durstiger gewesen sein. Nichts in der Welt ging jetzt über ein paar Liter süße Milch.

Ich erreichte das erste Haus. Keine Menschenseele daheim. Bis zum nächsten Gehöft waren es mehrere hundert Schritt. Das war zu weit. Ich nahm die

Schneeschuhe ab, trat ins Haus und holte mir vom Milchschrank einen großen Topf süße Milch; ich trank und trank und aß etwas dazu, und auch der Hund bekam seinen Teil.

Wie ich so auf der Holzbank saß und mir gütlich tat, kam eine Schar kleiner Mädchen hereingestürzt. Wie angenagelt blieben sie stehen, als sie mich und den Hund erblickten. Eine Weile standen sie mit offenem Mund. Ich sagte Guten Tag, bekam aber keine Antwort. Dann stürmten sie davon, so rasch es ging. Ich muß schrecklich ausgesehen haben.

Nach einiger Zeit erschien eine Frau. Vorsichtig öffnete sie die Tür und kam herein, blieb aber unschlüssig stehen. Hinter ihr glotzten einige von den erschrockenen Mädchengesichtern. Ich nickte freundlich:

»Guten Tag, du mußt entschuldigen; ich habe mir von deiner Milch genommen, aber ich war so durstig und konnte nicht warten.«

»Na, Gott sei Lob und Dank, daß du ein Christenmensch bist; wir glaubten schon, du wärest ein Troll und dein Hund ein Wolf oder sonst ein Ungeheuer. Einen so großen Hund haben wir noch nie gesehen.«

Ich hatte einen rotbraunen irischen Setter mit mir.

»Du brauchst dich nicht zu fürchten, er beißt ebenso wenig wie ich.«

»Aber wie bist du hierher gekommen?«

»Ich komme über Vosseskavlen aus dem Hallingtal.«

»Nein, hat man so etwas gehört!«...

Sie hatten mich weit oben in der Birkenhalde, in eine Wolke losen Schnees gehüllt, auf den Schneeschuhen kommen sehen, und dann in weitem Abstand den Hund in einer andern Schneewolke. Ich war ganz vollgeschneit und weiß gewesen. Darum hatten sie mich für einen Berggeist gehalten, der einen Wolf bei sich hatte, und da waren sie denn nach dem nächsten Gehöfte gelaufen, da nur Frauen zu Hause waren.

Es war auch weiter kein Wunder. Niemals war jemand zur Winterszeit dort durch das Tal gekommen und selten des Sommers, und einen Hund so groß wie einen gewöhnlichen Hühnerhund hatten sie noch nie gesehen.

Bald wurden wir gute Freunde, und ich bekam alles, was ich haben wollte, Milch und Essen.

Ich war müde, und eine halbe Stunde Schlaf konnte gut tun. Ich warf mich aufs Bett und schlief.

Um vier Uhr ging es weiter. Aber hier im Tal wurde es bald dunkel, und die Bahn und der Weg wurden für Schneeschuhe bei der Glätte und den Buckeln immer mehr unmöglich. Als ich Vold erreichte, hielt ich es daher für das beste, ein Pferd zu nehmen und wenn möglich die letzten zwei Meilen zu fahren.

Ich trat in eine große Stube mit Lehmboden, in der ein gewaltiges Feuer auf dem Herde knisterte. Ich wünschte Guten Abend und fragte nach einem Pferd.

»Ja, das kannst du schon haben, aber doch nicht heute abend?«

»Doch,« sagte ich, »ich möchte die Nacht in Vossevangen sein.«

»Nein, du, das laß bleiben, bei solcher Bahn und in solcher Dunkelheit kann man nicht nach Vangen fahren. Der Weg geht gewölbt und vereist neben dem Abgrund. Beim Sverresteig ist es am schlimmsten, dort ist es schon am Tage schlecht genug.«

Ich blieb bei meinem Entschluß. Ich wollte noch am Abend ans Ziel kommen. Konnte ich kein Pferd erhalten, so würde ich zu Fuß gehen.

Nach einiger Überredung gab der Bauer nach und sagte, er wolle es versuchen.

Endlich brachen wir auf; aber der Weg war schlecht, das war richtig, und dunkel war es auch. Wir mußten ungefähr ebensoviel gehen als fahren, aber ich war müde und darum froh, so oft ich sitzen konnte. Wir erreichten den gefürchteten Sverresteig; er war wirklich schlimm, hatten wir ihn aber überwunden, dann ging es auf ebenem Weg weiter.

Wir gingen behutsam zu Werk; der Berg war steil und führte unmittelbar neben dem Abgrund. Er war gewölbt und glatt; es war schwer, Fuß zu fassen. Ließ man den Schlitten los, so konnte man leicht abrutschen. Das Pferd aber mit seinem scharfen Beschlag stand fest auf den Beinen. Wir konnten uns an den zügeln und am Schlitten halten; so ging es Schritt für Schritt abwärts.

Endlich waren wir unten. Wir konnten aufsitzen und bald waren wir in Vossevangen. Es war schon ein Uhr nachts. Ich donnerte an die Tür. Es dauerte eine Weile, bis sie geöffnet wurde. Die kurze, dicke Gestalt des Hotelwirts stand in Unterhosen vor mir und rief verwundert: »Ach, Sie sind so spät noch unterwegs?«

Ich sehnte mich nach einem guten Bett, das ich auch bekam. So tadellos in der vergangenen Nacht das Lager auf dem Hallinggebirge gewesen sein mochte, fand ich doch, in Fleischers Hotel in Vossevangen war es besser.

Ein Menschenalter später

Mitte März 1916 saß ich abends in dem gemütlichen Gastzimmer des Hotels in Finse und sprach davon, daß ich Lust hätte, noch einmal auf Vosseskavlen zu stehen und wie in der Jugend Umschau zu halten und dann den Abstieg auf Schneeschuhen zum Kaldesee hinab und weiter zu versuchen. Andreas Klem, der Direktor von Haugastöl, mit dem ich zusammen war, fing sofort Feuer. Wohl schneite es im Gebirge, im Westen aber war klares Wetter, dessen versicherte er sich sofort durch das Telephon.

»Fein-feine Schneeschuhbahn! Morgen früh ziehen wir los.« Nun wohl!

Vor Sonnenaufgang kamen wir mit dem Zug über das Hochland nach Station Hallingskeid, gerade der Stelle, wo ich an jenem Winterabend vor 32 Jahren nach einer eingeschneiten Sennhütte gesucht hatte, um dort die Nacht zu verbringen. Auch jetzt hatte ich einen Hund mit.

Die Schneeschuhbahn war gut. Es ging die langen Lehnen von der Station nach dem Gröntalsee hinab, dann über das Eis und das Tal zum Vosseskavlen hinauf. Es war blauer Himmel, und bald kam die Sonne. Ungefähr dasselbe Wetter und dieselbe Bahn wie damals, als ich zuletzt hier fuhr. Nur schien mir der Weg vom Gröntalsee bis zum Skavlen viel länger zu sein als damals.

Endlich waren wir beim höchsten Gebirgssee angelangt. Ja, ich fand mich so ziemlich wieder zurecht. Da waren die schroffen Bergwände auf allen Seiten und die lange schwere Steigung zum Skavlen hinauf; eine mächtige Schneemenge war auch da. Aber trotzdem war es anders. Die Steigung schien mir nicht ganz so schroff, wie ich sie in der Erinnerung hatte, und dann hingen jetzt keine Schneewächten über. Es war leichter hinaufzukommen, und der Hund hatte keine Schwierigkeiten.

Vom Vosseskavlen hatten wir dieselbe Aussicht über diese weiße Bergweite wie einst. Sie war sogar noch wunderbarer, als ich sie in der Erinnerung hatte, und Andreas Klem fand, nie habe er etwas Schöneres gesehen, soviel er auch diese Berge durchstreift habe.

Die Fahrt über den Gletscher vom Rande der obersten weißen Fläche bis zum Kaldesee hinab gestaltete sich noch großartiger, als ich mich erinnern konnte.

Es war ein mächtiger Abhang, und wir bekamen eine tüchtige Geschwindigkeit. Aus Leibeskräften bremsten wir mit dem Stock; es ging aber schneller, als uns lieb war. Schneewehen waren auch viel mehr vorhanden als jenes Mal, und es war schwer, die Herrschaft über die Schneeschuhe zu behalten, während sie über die wellenförmige Fläche tanzten und man sich auf den Stock stützte. Mitten in der schnellen Fahrt rutschten die Schneeschuhe zu beiden Seiten einer Schneewehe aus. Die Beine kamen immer weiter und weiter auseinander; es war, als sollte man in der Mitte gespalten werden. Aber im letzten Augenblick, bevor das Unheil eintrat, gelang es mir, die Schneeschuhe wieder aneinanderzureißen... Klem erzählte mir später, ihm sei es ebenso gegangen, aber auch er habe sich noch im letzten Augenblicke gerettet.

Wir fuhren nun mehrere Bogen, um die Geschwindigkeit etwas zu mäßigen. Endlich ging es die letzte schroffe Böschung hinunter, gerade auf den

See zu, und in rasender Schußfahrt sausten wir weit aufs Eis hinaus.

Wir schauten zurück. Derselbe Anblick wie damals. Hoch oben ein schwarzer Fleck, der Hund. Welch gewaltigen Eindruck machte nicht diese Anhöhe, die von dort oben auf uns herabkam! Wir konnten den Anfang nicht sehen.

Andreas Klem sagte, nie habe er einen »flotteren Lauf« gehabt, aber man fühlte es auch in den Beinen.

Seit ich das letzte Mal hier gefahren, waren viele von denen, die am Bau der Bergbahn beteiligt waren, in diese Gegend gereist, und während der Arbeit am Gravehalstunnel war ja ein beständiger Verkehr über das Gebirge hin und zurück.

Man hatte später mehrere leichtere Übergänge gefunden, besonders einen Schneeschuhweg, der der Doktorweg hieß, nach dem Dr. Bruun, dem Distriktarzt von Ål, der damals Arzt bei der Tunnelunternehmung war. Dieser Weg sollte weiter östlich vom Kaldesee nach dem Myrtal hinabführen.

Ich wollte am liebsten meine alte Straße ziehen; deshalb fuhren wir durch das enge Gebirgstal hinunter. Hier lag auf dem Schnee eine blanke Eiskruste, die uns zwang, sehr behutsam zu fahren.

Endlich erreichten wir denselben Talkessel, in dem mir das letzte Mal Halt geboten war. Aber es war wahrhaftig viel schlimmer, als ich mich erinnern konnte. Wir kamen an dieselbe überhängende Schneewächte und mußten zurück, und nirgends schien es einen Abstieg zu geben.

Wir versuchten es an einer Stelle, wo keine Wächte überhing, und kamen auch ein Stück herab; aber die Schneewand fiel steil ab und hatte streckenweise eine harte Eiskruste. Die Schneeschuhe in der einen Hand, mußten wir Stufen in das Eis stampfen, während wir mit der andern Hand den Stock hineintrieben, um uns an ihm zu halten. Ich war besser dran als Klem. Da ich keinen Schneeteller am Stocke hatte, konnte ich diesen tiefer hineinstoßen. Es ging ein scharfer Wind. Schlimme Windstöße kamen über die Bergwand auf uns herab.

Schließlich wurde der Abfall so steil, daß es uns nicht mehr geheuer war. Der Schnee war fast ganz vereist, und es war nicht leicht, Fuß zu fassen. Wir ließen den Rucksack fahren, um auf alle Fälle ihn los zu sein. Er sauste hinunter und wurde immer kleiner, bis er endlich das Tal erreichte. Tief unten sahen wir ihn als einen schwarzen Punkt. Denselben Weg würden wir nehmen, wenn der Fuß ausglitt. Aber die Schneewand war ganz glatt und ging allmählich in den Talgrund über. Vielleicht war es doch nicht das Schlimmste, wenn wir uns auf den Rücken legten und hinabrutschten, aber wir wollten uns nicht gern auf das Experiment einlassen. Man konnte nicht wissen, was wir an Kleidung noch am Leibe haben würden, wenn wir unten ankamen.

Wir sahen uns um. Oben unter der hängenden Wächte war eine Art Kluft. Vielleicht war dort besser hinunterzukommen. Wir gingen zurück und hinauf und machten den Versuch. Eine Weile ging es gut, aber da stürzte der Hund über die Wächte hinab, überschlug sich in der Luft und fiel auf einen kleinen Fels am Rande des Abgrunds. Dort faßte er Fuß und war beborgen. Er war offenbar oben auf der Wächte infolge eines Windstoßes ausgeglitten.

Bald wurde der Abstieg schroffer, der Schnee härter und verharscht, und die Windstöße wurden nicht schwächer. Wir fanden es schlimm und wären am liebsten zu der Stelle zurückgekehrt, wo wir es zuerst versucht hatten. Aber nein, nun mußten wir da weiter, wo wir waren. Indem wir eine Stufe nach der andern stampften, kamen wir auf die Felswand auf der andern Seite der Kluft hinüber. Dort war der Schnee weicher und der Abstieg leichter. Endlich konnten wir wieder die Schneeschuhe anschnallen, und dann ging es zum Rucksack im Talgrunde hinab.

Ich konnte mich nicht entsinnen, damals, als ich hier allein ging, etwas so Schlimmes erlebt zu haben wie der Abstieg in dieser Schlucht. Es mußte aber wohl ebenso gewesen sein, und mich erfaßte beinahe Bewunderung für mich selber, daß ich das geleistet hatte, ohne einen tieferen Eindruck behalten zu haben.

Mit der Erinnerung ist es übrigens eine merkwürdige Sache. Den Aufstieg hatte sie eher schlimmer gemacht als es war, aber die Hügel und Abhänge abwärts um vieles geringer und leichter als in Wirklichkeit. Kommt das vom Alter? Während die Schwierigkeiten des Aufstiegs nicht sonderlich größer werden, ja dem ungeduldigen, unerfahrenen Jüngling vielleicht schlimmer erscheinen, überwindet die Jugend im leichten Spiel alle Schwierigkeiten des Abstiegs. Das Alter macht behutsamer.

Nun ging es einen schönen Abhang nach dem andern hinab und schließlich noch die langen Halden nach Opset zu. Hier briet uns die Sonne, und wir mußten uns von allen Hügeln fernhalten, die nicht im Schatten lagen. Endlich erreichten wir den Talgrund und sollten nun zur Station Opset hinauf. Die Schneeschuhe wollten nicht mehr gleiten. Wir versuchten es auf alle Weise, sie in Gang zu bringen, aber schließlich mußten wir verzweifelt nachgeben und stolperten hinauf, mit fußdickem Schnee unter jedem Schneeschuh, bis wir endlich an die Eisenbahnlinie und an die Häuser kamen.

Es war über eine Stunde, bis der Zug abging, mit dem wir nach Finse zurückfuhren. Dort nahmen wir um halb drei Uhr ein üppiges Mahl ein.

Welche Wandlung! Wie sich doch alles auf einmal ändern kann!

Seit Sverres Zeiten – und schon lange vor ihm – war hier oben bis vor wenigen Jahren alles beim alten geblieben – dieselbe Einsamkeit im Winter über diesen Bergweiten.

Aber jetzt! Der Pfiff der Lokomotive durchgellt die Stille, keuchend fahren die Züge hin und zurück. Der schwarze Steinkohlenrauch schlägt zu den Tunnelmündungen heraus und steigt zum blauen Himmel empor – und die sogenannte Kultur mit ihren großen Hotels und ihren unvermeidlichen »Touristen« kriecht höher und höher in die Berge hinauf.

Ja freilich, es ist ja »bequem« und »komfortabel«. Du kannst des Abends in Kristiania zu Bett gehen und am frühen Morgen in Finse oder Hallingskeid zum Frühstück aufstehen und am Vormittag einen Spaziergang nach dem Hardangergletscher oder zum Vosseskavlen unternehmen. Das bringt viele Leute ins Gebirge hinauf, die sonst nie dorthin gekommen wären.

Aber ach, wenn nur nicht so vieles andere mitfolgte, was die Menschen nicht hebt. Allerhand Luxus, Essen und Trinken und Toiletten und Kartenspiel und Narrenstreiche! Jetzt gehen die Leute hinauf ins Hochland, in eines dieser großen Hotels, um die Zeit totzuschlagen, und tage- und wochenlang leben sie ein so lärmendes Leben, daß sie in die Stadt hinabmüssen, um sich auszuruhen...

Die Bergweite, die den Menschengeist erhebt und ihm die großen, einfachen Linien geben könnte, sehen die wenigsten. Ich glaube, sie war doch wohl besser, die eingeschneite Almhütte, die ich suchte und nicht fand...

Ich habe eine Erinnerung, die sich mir oft aufdrängt. Es war bei der Heimkehr von der Nordpolfahrt. Fest auf Fest war in den Städten gefeiert worden. Die »Fram« glitt bei strahlendem Sonnenschein in den breiten schönen Fjord von Drontheim hinein. Dampfer, über und über flaggengeschmückt, schwarz von Menschen, fuhren den heimkehrenden entgegen. Hurra- und Hochrufe, Kanonensalut, Jubel ringsum zu Wasser und zu Lande. Da trat Peter Hendriksen zu mir auf der Brücke heran.

»Du, N.«, sagte er, »schön mag das wohl sein, aber es ist zuviel Lärm. Ich denke ans Eismeer. Dort hatten wir's gut.«

Und er sah mich an, mit seltsamer Wehmut in den treuen Kinderaugen.

War es die Sehnsucht dorthin zurück, wo der Himmel so hoch war, die Luft so rein, so einfach das Leben? - Zurück in die Einsamkeit, in die Stille, in die Größe?

Fridtjof Nansen (1888)